BEI GRIN MACHT SICH IHR WISSEN BEZAHLT

- Wir veröffentlichen Ihre Hausarbeit, Bachelor- und Masterarbeit

- Ihr eigenes eBook und Buch - weltweit in allen wichtigen Shops

- Verdienen Sie an jedem Verkauf

Jetzt bei www.GRIN.com hochladen und kostenlos publizieren

Trainingsplanung für ein Ausdauertraining mit einem 20-jährigen Kandidaten

Einsendeaufgabe im Fachmodul Trainingslehre II

Tim Schober

Bibliografische Information der Deutschen Nationalbibliothek:

Die Deutsche Nationalbibliothek verzeichnet diese Publikation in der Deutschen Nationalbibliografie; detaillierte bibliografische Daten sind im Internet über http://dnb.d-nb.de abrufbar.

ISBN: 9783346505521
Dieses Buch ist auch als E-Book erhältlich.

© GRIN Publishing GmbH
Nymphenburger Straße 86
80636 München

Druck und Bindung: Books on Demand GmbH, Norderstedt Germany
Gedruckt auf säurefreiem Papier aus verantwortungsvollen Quellen

Das Buch bei GRIN: https://www.grin.com/document/1119301

Deutsche Hochschule für

Prävention und Gesundheitsmanagement

Einsendeaufgabe

Fachmodul: Trainingslehre 2

Studiengang: Bachelor of Arts Sportökonomie

Datum
Präsenzphase **11.01.2020 bis 13.01.2020**

Name, Vorname: Schober, Tim

Studienort: **Stuttgart**

Semester: **01. Januar bis 30. Juni 2021 (WS)**

Inhaltsverzeichnis

1 Diagnose

1.1 Allgemeine und biometrische Daten

Bei einem Erstgespräch wurden alle relevanten Daten, die für die folgende Trainingsplanung von Bedeutung sind besprochen und dokumentiert. In der folgenden Tabelle ist eine Übersicht dieser Daten dargestellt.

Tabelle 1: Allgemeine Daten Proband XY

Alter	20
Geschlecht	Männlich
Körpergröße	180cm.
Körpergewicht	80kg.
Trainingsmotive	Verbesserung der allgemeinen Fitness in Bezug auf Gesundheit und Reduzierung des Körperfettanteils
Berufliche Tätigkeit	Meist sitzend
Aktuelle sportliche Aktivität	2x pro Woche Krafttraining (ausschließlich Schnellkraft)
Frühere sportliche Aktivität	3x wöchentlich Fußballtraining im Alter von 10 bis 18 Jahren. (2010-2017)
Zeitlicher Verfügungsrahmen	2-3x wöchentlich für jeweils 1-2 h

Um den Probanden in Hinsicht auf seine Belastbarkeit besser Einschätzen zu können und eventuelle Kontraindikatoren auszuschließen müssen weitere biometrische Daten erfasst und bewertet werden um ein geeignetes Testverfahren für den Probanden ermitteln zu können. In der folgenden Tabelle ist eine Übersicht dieser Daten dargestellt.

Tabelle 2: Biometrische Daten Proband XY

Blutdruck	126/83 mmHg (normaler Blutdruck)
Ruhepuls	70 Schläge/Minute
Allgemeiner Gesundheitszustand	
Orthopädische/Internistische Probleme	Keine
Ärztliche Behandlung	Keine
Einzunehmende Medikamente	Keine
Körperzusammensetzung	
Körperfettanteil	18% / 14,4kg (idealer Wert 10-20%)
BMI	24,7

Es liegen keinerlei Kontraindikatoren wie Diabetes mellitus, organische Schäden oder Entzündungen vor, Proband XY befindet sich in einem guten gesundheitlichen Zustand.

Die Blutdruck-Werte wurden mit der Tabelle der Blutdruckklassifikationen laut Weltgesundheitsorganisation (WHO) beurteilt und als „normal" eingestuft. In der folgenden Tabelle ist eine abgewandelte Form der Blutdruckklassifikation laut WHO dargestellt.

Tabelle 3: Einteilung der Blutdruck-Werte laut WHO (eigene Darstellung)

Optimaler Blutdruck	<120 mmHg systolisch	<80 mmHg diastolisch
Normaler Blutdruck	120-129 mmHg systolisch	80-84 mmHg diastolisch
Hoch-normaler Blutdruck	130-139 mmHg systolisch	85-89 mmHg diastolisch
Milde Hypertonie (Stufe 1)	140-159 mmHg systolisch	90-99 mmHg diastolisch
Mittlere Hypertonie (Stufe 2)	160-179 mmHg systolisch	100-109 mmHg diastolisch
Schwere Hypertonie (Stufe 3)	>= 180 mmHg systolisch	>= 110 mmHg diastolisch

1.2   Leistungsdiagnostik/Ausdauertestung

Um ein effektives Trainingsprogramm für den Probanden erstellen zu können, ist eine Erfassung des aktuellen Ist-Zustandes in Bezug auf Belastbarkeit und Leistungsfähigkeit notwendig. Die Auswahl des Testverfahrens ist für den Verlauf der Leistungsdiagnostik entscheidend, zudem ist die Erfassung der Testergebnisse bedeutend für einen Vorher/Nacher Vergleich. Der Test wird auf einem Fahrradergometer durchgeführt. Ergometrie beschreibt die mengenmäßige Beurteilung der körperlichen Belastbarkeit von gesunden und kranken Menschen. Eine definierte Last ist für die Ergometrie Voraussetzung, diese soll reproduzierbar, dosierbar, vergleichbar und objektiv sein. (Löllgen, Prof. em. Dr. med. H. 2009 S. 4)

Nicht jedes Testverfahren eignet sich für jeden Probanden. Bei der Wahl des Verfahrens muss auf die allgemeinen, biometrischen und gesundheitlichen Daten des Probanden geachtet werden. Der WHO Test eignet sich für leistungsschwache Personen, untrainierte Frauen oder Übergewichtige. Das Vita-Maxima Verfahren hingegen wird bei Leistungssportlern Triathleten oder Radfahrern bevorzugt. Die Zielgruppe des Hollmann&Venrath Tests sind durchschnittlich bis gut trainierte Personen.

1.2.1 Begründung der Auswahl des H&V Tests

Der Proband befindet sich in einem guten gesundheitlichen Zustand, seine Blutdruckwerte sind normal in vergangenen Jahren wurde bereits Ausdauer betonter Sport getrieben. Der Vita-Maxima Test wird ausgeschlossen da die bisherige sportliche Betätigung bereits 2 Jahre zurückliegt und ein Eingangswiederstand von 50 Watt in Kombination der Belastungssteigerung von 50 Watt eine zu Hohe Belastung für den Probanden darstellt. Besser geeignet ist der Hollmann&Venrath Test. Der Proband passt in die Zielgruppe des H&V Tests, eine Eingangsbelastung von 30 Watt, bei einer Steigerung von 40 Watt und einer Stufendauer von 3 Minuten sind für den Probanden nicht unterfordernd aber bilden durch die festgelegt Pulsobergrenze bei diesem Testverfahren auch keine zu hohe Belastung.

1.2.2 Ausführung des H&V Tests

Zu Beginn des Ausdauertests wird der Fahrradergometer für Proband XY eingestellt, der Rücken soll während dem gesamten Testverlauf möglichst gerade bleiben und ein durchstrecken der Beine verhindert werden. Subjektives Unwohlsein wurde vor Beginn des Tests nicht festgestellt. Die Pulsobergrenze für Proband XY wurde mittels der WHO-Formel (180 – Lebensalter = Pulsobergrenze) ermittel und im H&V Test eingebracht. Die Daten zum Testverlauf werden über einen Brustgurt zur Herzfrequenz Messung erhoben und nach auslesen der Daten in einer Tabelle erfasst.

Tabelle 4: Test relevante Parameter (eigene Darstellung)

Geschlecht:	Männlich
Alter:	20 Jahre
Testform:	Hollmann&Venrath Test (submaximal)
Eingangsbelastung:	30 Watt
Stufendauer:	3 Minuten
Belastungssteigerung:	40 Watt
Trittfrequenz:	60-80 U/min
Pulsobergrenze:	160 S/min (WHO-Formel: 180-20 =160)
Gewicht:	80 kg.
Ruhepuls:	70 Schläge/Minute
Blutdruck:	126/83 mmHg (normaler Blutdruck)

Tabelle 5: Testverlauf des H&V Tests (eigene Darstellung)

Eingangstest		15.01.2021		
Zeit (min)	Watt	Hf 1 (s/min)	Hf 2 (s/min)	Hf 3 (s/min)
0-3	30	76	85	94
4-6	70	102	112	118
7-9	110	126	135	142
10-12	150	148	155	160
Watt gesamt	150 W		Bf von 0,59	
Watt/kg	1.9 W/kg			

Bewertung nach IPN Normwerttabelle								Knapp unterdurchschnittlich

Alter / Intensität	< 30	30-34	35-39	40-44	45-49	50-54	55-59	> 60	Bewertung
0,50	1,45	1,38	1,31	1,23	1,16	1,09	1,02	0,94	☹☹
0,51	1,50	1,43	1,35	1,28	1,20	1,13	1,05	0,98	☹☹
0,52	1,55	1,47	1,40	1,32	1,24	1,16	1,09	1,01	☹☹
0,53	1,60	1,52	1,44	1,36	1,28	1,20	1,12	1,04	☹☹
0,54	1,65	1,57	1,49	1,40	1,32	1,24	1,16	1,07	☹☹
0,55	1,70	1,62	1,53	1,45	1,36	1,28	1,19	1,11	☹
0,56	1,75	1,66	1,58	1,49	1,40	1,31	1,23	1,14	☹
0,57	1,80	1,71	1,62	1,53	1,44	1,35	1,26	1,17	☹
0,58	1,85	1,76	1,67	1,57	1,48	1,39	1,30	1,20	☹
0,59	1,90	1,81	1,71	1,62	1,52	1,43	1,33	1,24	☹
0,6	2,00	1,90	1,80	1,70	1,60	1,50	1,40	1,30	Ø
0,61	2,20	2,09	1,98	1,87	1,76	1,65	1,54	1,43	Ø
0,62	2,40	2,28	2,16	2,04	1,92	1,80	1,68	1,56	Ø
0,63	2,60	2,47	2,34	2,21	2,08	1,95	1,82	1,69	☺
0,64	2,80	2,66	2,52	2,38	2,24	2,10	1,96	1,82	☺
0,65	3,00	2,85	2,70	2,55	2,40	2,25	2,10	1,95	☺
0,66	3,20	3,04	2,88	2,72	2,56	2,40	2,24	2,08	☺☺
0,67	3,40	3,23	3,06	2,89	2,72	2,55	2,38	2,21	☺☺
0,68	3,60	3,42	3,24	3,06	2,88	2,70	2,52	2,34	☺☺
0,69	3,80	3,61	3,42	3,23	3,04	2,85	2,66	2,47	☺☺
0,70	4,00	3,80	3,60	3,40	3,20	3,00	2,80	2,60	☺☺

Abbildung 1: Normtabelle für submaximale Radergometertests – Relative Watt-Soll-Leistung (Watt pro kg) bei Männern (modifiziert nach IPN, 2004, S. 8)

1.2.3 Bewertung der Testergebnisse

Der Hollmann&Venrath Test startete bei 30 Watt, nach 3 Minuten wurde der Wiederstand um 40 Watt erhöht, zum Ende von Minute 3 lag die Herzfrequenz des Probanden bei 94 Schlägen pro Minute. Nach 12 Minuten und 150 Watt erreicht Proband XY seine Pulsobergrenze und beendet somit den Test. Um das Testergebnis in der Normtabelle von Abbildung 1 einordnen zu können wird die Gesamtwattleistung von 150Watt durch das Körpergewicht von 80kg geteilt und erhalten einen Wert von 1,875 ≈ 1,9 Watt/kg. Laut Normwerttabelle wird Proband XY als knapp unterdurchschnittlich eingestuft.

7

1.3 Gesundheits- und Leistungsstatus der Person

Anhand der erfassten Daten im Erstgespräch und dem Testergebnis kann man einen guten gesundheitlichen und leistungsfähigen Status der Person erkennen. Die Blutdruckwerte befinden sich im Normalbereich, es liegen weder orthopädische noch internistische Probleme vor und der Proband befindet sich in keiner medikamentösen Behandlung. Abschließend lässt sich sagen, dass Proband XY völlig trainier- und belastbar ist.

2 Zielsetzung/Prognose

Tabelle 6: Zielsetzung

Ziel 1	Verbesserung der allgemeinen Gesundheit. Senkung der Ruheherzfrequenz um 3 S/min innerhalb von 6 Wochen
Ziel 2	Verbesserung der allgemeinen Fitness. Steigerung der Wattleistung um 0,1 Watt/kg innerhalb von 6 Wochen.
Ziel 3	Reduzierung der Körperfettanteils um 1% innerhalb von 3 Wochen, sprich ca. 250g Fettverlust pro Woche.

Eine genaue Zielsetzung und Festlegung des Ausmaßes und der dafür vorgesehenen Zeit ist äußerst wichtig um dem Proband ein klares Ziel vor Augen zuführen welches vorzeitliche Demotivation verhindern soll. Ziel 1 von Proband XY ist es sein allgemeine Gesundheit zu verbessern, wir haben deshalb eine Senkung des Ruhepuls um 3 Schläge pro Minute innerhalb von 6 Wochen angepeilt. Ein hoher Ruhepuls bedeutet das unser Herz mehr Belastung ausgesetzt ist als notwendig, schlussfolgernd bringt eine Senkung des Ruhepulses gesundheitliche Vorteile. Eine Ruhepulssenkung von ½ S/min pro Woche erweist sich als erreichbares Ziel. Eine Verbesserung der Ausdauer soll Proband XY helfen, besser seinen Alltag bewältigen zu können. Im Erstgespräch wurde festgehalten das Proband XY seinen Fußweg zur Arbeit mit weniger Anstrengung und ohne Pause bewältigen möchte. Deshalb ist Ziel 2 eine Steigerung der Wattleistung bei einem submaximalen Radergometertest um 0,1 Watt/kg, als Vergleichswerte wird das Ergebnis des ersten Radergometertest in wie weit sich die Ausdauerleistung des Probanden verbessert hat. Ziel 3 liegt rein ästhetischen Wünschen zu Grunde. Durch Ausdauertraining soll ein erhöhter Kalorienumsatz erzielt werden und damit den Körperfettanteil in 3 Wochen von 18% auf

17% zu reduzieren, dies entspricht ca. 250g Fettabbau pro Woche. Gemessen wird der KFA nach den 3 Wochen genau wie beim Erstgespräch im Rahmen der Erfassung der biometrischen Daten mit Hilfe einer InBody 570 Körperzusammensetzungsanalyse. Die Ernährungsweise ist ein großer Einflussfaktor dieses Ziels, wird in diese Trainingsplanung aber außer Acht gelassen.

3 Grobplanung Mesozyklus

Tabelle 7: Grobplanung Mesozyklus

Dauer	6 Wochen
Übergeordnete spezifische Trainingsziele	Verbesserung, Stabilisierung und Entwicklung der Grundlagenausdauer, Senkung des Ruhepuls, Reduzierung von KFA
Belastungsumfang/Woche	1-3 Stunden
Trainingsmethoden	- extensive Dauermethode - variable Dauermethode - extensive Intervallmethode
Trainingsintensitäten	Regenerativ: 50-60% Hfmax Extensiv: 60-75% Hfmax Variabel: 60-85% Hfmax Intensiv: 80-90% Hfmax
Trainingshäufigkeit	3x pro Woche
Trainingsdauer	30-45 min (regenerativ) 30-90 min (extensiv) 45 min (variabel) 30-60 min (intensiv)
Trainingsgeräte	Laufband Fahrrad

Tabelle 8: Pulsober- und -untergrenzen der Belastungsintensitäten für Proband XY

Regenerativ	100 - 120 S/Min
Extensiv	120 -150 S/Min
Variabel	120 - 170 S/Min
Intensiv	160 - 180 S/Min

3.1 Detailplanung Mesozyklus

Tabelle 9: Detailplanung Mesozyklus für Proband XY

Woche 1	Montag	Mittwoch	Freitag
Trainingsziel	GA 1	REKOM	GA 1
Tr.-Methode	Extensive DM	Extensive DM	Extensive DM
Tr.-Intensität	60–75% Hfmax 120-150 S/min	50-60% Hfmax 100-120 S/min	60-75% Hfmax 120-150 S/min
Tr.-Dauer	60 Minuten	20 Minuten	60 Minuten
Tr.-Gerät	Laufband	Crosstrainer	Laufband
Gesamtbelast.dauer	140 Minuten		
Woche 2	Montag	Mittwoch	Freitag
Trainingsziel	GA 1	REKOM	GA 1
Tr.-Methode	Extensive DM	Extensive DM	Extensive DM
Tr.-Intensität	60–75% Hfmax 120-150 S/min	50-60% Hfmax 100-120 S/min	60-75% Hfmax 120-150 S/min
Tr.-Dauer	60 Minuten	30 Minuten	75 Minuten
Tr.-Gerät	Laufband	Crosstrainer	Laufband
Gesamtbelast.dauer	165 Minuten		
Woche 3	Montag	Mittwoch	Freitag
Trainingsziel	GA 1	REKOM	GA 1
Tr.-Methode	Extensive DM	Extensive DM	Extensive DM
Tr.-Intensität	60–75% Hfmax 120-150 S/min	50-60% Hfmax 100-120 S/min	60–75% Hfmax 120-150 S/min
Tr.-Dauer	75 Minuten	30 Minuten	75 Minuten
Tr.-Gerät	Laufband	Crosstrainer	Laufband
Gesamtbelast.dauer	180 Minuten		
Woche 4	Montag	Mittwoch	Freitag
Trainingsziel	GA 1/2	REKOM	GA 1/2
Tr.-Methode	Variable DM	Extensive DM	Variable DM
Tr.-Intensität	60–75%/75-85% Hfmax 120 - 170 S/Min	50-60% Hfmax 100-120 S/min	60–75%/75-85% Hfmax 120 - 170 S/Min
Tr.-Dauer	45 Minuten 11,25:11,25	30 Minuten	45 Minuten 11,25:11,25
Tr.-Gerät	Laufband	Crosstrainer	Laufband
Gesamtbelast.dauer	120 Minuten		

Woche 5	Montag	Mittwoch	Freitag
Trainingsziel	GA 2	REKOM	GA 1/2
Tr.-Methode	Extensive IM	Extensive DM	Variable DM
Tr.-Intensität	80-90% Hfmax 160 - 180 S/Min	50-60% Hfmax 100-120 S/min	60–75%/75-85% Hfmax 120 - 170 S/Min
Tr.-Dauer	20 Minuten 1-3 min. Intervalle	30 Minuten	60 Minuten 15:15
Tr.-Gerät	Laufband	Crosstrainer	Laufband
Gesamtbelast.dauer	110 Minuten		
Woche 6	Montag	Mittwoch	Freitag
Trainingsziel	GA 2	REKOM	GA 2
Tr.-Methode	Extensive IM	Extensive DM	Extensive IM
Tr.-Intensität	80-90% Hfmax 160 - 180 S/Min	50-60% Hfmax 100-120 S/min	80-90% Hfmax 160 - 180 S/Min
Tr.-Dauer	45 Minuten 1-3 min. Intervalle	30 Minuten	45 Minuten 1-3 min. Intervalle
Tr.-Gerät	Laufband	Crosstrainer	Laufband
Gesamtbelast.dauer	120 Minuten		

3.2 Begründung zum Mesozyklus

„Das Ausdauertraining erfolgt auf der Grundlage von definierten Trainings-
zielen und – inhalten, die mit bestimmten Trainingsmitteln und –methoden
realisiert werden. Trainingsmethoden sind demnach planmäßig eingesetzte
Verfahren der Gestaltung und Vermittlung von Trainingsinhalten zur Erzie-
lung bestimmter Trainingswirkungen. Die Trainingsmethoden charakterisie-
ren das „Wie" des Trainings und haben im Trainingsvollzug eine konstituie-
rende Bedeutung für die methodische Aufbereitung, Vermittlung und Aus-
wertung der Trainingsinhalte im Kontext leistungsdiagnostischer Ergeb-
nisse" (Hottenrott & Neumann, 2008, S. 102).

Die ersten 3 Wochen des Mesozyklus dienen in erster Linie der Stabilisierung und Entwicklung der Grundlagenausdauer 1 durch die aerobe extensive Dauermethode (P. Haber, 2018). Die Belastungsintensität und Belastungsdauer werden von Woche zu Woche

in kleinen Schritten erhöht, um die Maximale Herzfrequenz und somit die Trainings-
herzfrequenzen zu errechnen wurde die Faustformel Hfmax (Laufen)= ca. 220 – Lebensalter (LA) (ACSM) verwendet. Ein Vorteil der aeroben extensiven Dauermethode
ist die Beteiligung des Fettstoffwechsels an der Energiebereitstellung (P. Haber 2018),
ein Anheben des Fettstoffwechsels soll dabei helfen das gewünschte KFA-Ziel des Probanden XY zu erreichen. Ein dadurch erhöhter wöchentlicher Kalorienumsatz in den 6
Wochen ist jedoch der Ausschlaggebende Faktor für die Fettreduktion. Woche 4 des
Mesozyklus soll einen Übergang vom GA1 zum GA 2 Training erleichtern und eine
Überforderung des Probanden bei den hohen Belastungsintensitäteten ab Woche 5 ver-
meiden, deshalb wurde die variable Dauermethode gewählt. Die variable Dauermethode
stellt eine Mischform der extensiven und intensiven Dauermethode dar.

„Der Wechsel zwischen Belastungs- und aktiven Erholungsphasen ist
gleichbedeutend mit einem Wechsel der oxidativen und glykolytischen
Energiebereitstellung. Dadurch verbessert sich die Umstellung und Anpas-
sung der beiden energetischen Systeme an die Trainingsbelastung. In den
extensiven Phasen kommt es zu einer Verbesserung der Laktatkompensation
und -elimination sowie der Regenerationsfähigkeit." (Bernd Gimbel 2014,
S. 195).

Die Belastungsintensität in Woche 4 liegt zwischen aerober und anaerober Schwelle bei
einer Hfmax von 60-85%. Der extensive Bereich liegt bei 120-150 S/min, der intensive
Bereich bei 160-170 S/min. Woche 5 und 6 werden nach der extensiven Intervallme-
thode trainiert, Im Vergleich zu den vorangegangenen Wochen wird die Belastungsintensität erhöht und die Belastungsdauer gesenkt. Die Belastungsintensität liegt bei 80-
90% Hfmax, zwischen den Mittelzeitintervallen liegt jeweils eine Pause von 2 Minuten.
Ziel der Wochen 5 und 6 sind die Entwicklung der GA 2 und die Verbesserung der ae-
rob-anaeroben Fitness. Nach einer Trainingseinheit ist Regeneration der wichtigste As-
pekt, auch regenerative Trainingseinheiten, d.h. Mit geringer Intensität und geringer Belastung tragen positiv zur Regeneration bei (Tomasitis&Haber, 2016). Zwischen den
Trainingseinheiten von Montag und Freitag ligt deshalb nach einer 24 stündigen Pause
eine REKOM Trainingseinheit im aeroben Bereich und einer Belastungsdauer von 20-
30 Minuten um die Regeneration zu fördern. Da der Proband über eine fehlerfreie Be-

wegungskoordination verfügt und voll belastbar ist, wurde die Auswahl der Trainingsgeräte nach Spaßfaktor des Proband XY und dem Anteil der jeweils beteiligten Muskulatur getroffen. Die Wahl der Trainingsgerät fiel auf das Laufband und den Crosstrainer welcher ausschließlich mit Armbeteiligung genutzt wird.

4   Literaturrecherche

Tabelle 10: Vergleich von 2 Studien zum Thema Effekte des Ausdauertrainings bei Übergewicht/Adipositas

Titel	„Low Frequency HIIT improves Body Composition and Aerobic Capacity in Overweight Men"	„Endurance Training Per Se Increases Metabolic Health in Young, Moderately Overweight men"
Autoren	CHIN, Edwin C. ; Yu Angus P.; Lai, Christopher W.; Fong, Daniel.; Chan, Derwin K.; Wong, Stphen H.; Sun, Fenghua; Ngai, Heidi H. ; Yung, Patrick S.H.; Siu, Parco M.	Nordby P, Auerbach PL, Rosenkilde M, Kristiansen L, Thomasen JR, Rygaard L, Groth R, Brandt N, Helge JW, Richter EA, Ploug T, Stallknechz B
Publikationsjahr	Januar, 2020	Dezember, 2012
Forschungsthema	Auswirkung von unterschiedlichen HIIT-Frequenzen und kontinuierlichen mitlleren Frequenzen (MICT) auf die Körperzusammensetzung bei Übergewichtigen	Vergleich der Effekte von Ausdauertraining oder Kalorien reduzierter Ernährung auf Gewichtsverlust bei Übergewichtigen Männern
Versuchspersonen	56 übergewichtige Männer (BMI= 26,4 +- 2.9) zwischen 18 und 30 Jahren	48 übergewichtige Männer
Versuchsaufbau	Die Teilnehmer wurden in 5 Gruppen aufgeteilt, Gruppe CON bildet die Kontrollgruppe. Gruppe MICTx3 führt 3 mal die Woche bei durchgehend moderater	Die Teilnehmer wurden in 3 Gruppen aufgeteilt, jede Gruppe führt ihr Programm 12 Wochen lang durch. Gruppe D macht eine hypokalorische Diät mit einem

	Trainingsintensität durch. Gruppe HIITx3 führt 3 mal wöchentlich ein Intervalltraining durch. Gruppe HIITx2 führte 2 mal wöchtentlich ein Intervalltraining durch. Gruppe HIITx1 führte einmal pro Woche ein Intervalltraining durch. Jedes Intervalltraining bestand aus 12x1 minütigen Einheiten bei 90% Hfmax und 11x1 minütigen Einheiten bei 70% Hfmax. Nach 4 und 8 Wochen wird die Körperzusammensetzung, Ruheherzfrequenz, Insulinresistenz überprüft	Kaloriendefizit von 600 kcal pro Tag. Gruppe T-ID bekam Training verschrieben und aß hyperkalorisch 600 kcal. mehr am Tag. Gruppe T führt ein 12 wöchiges Trainingsprogramm mit einem Kaloriendefizit von 600 kcal pro Tag durch. Gruppe C bildet die Kontrollgruppe.
Studienergebnis	In allen Gruppen waren die prozentuale Körperfettmasse und die absolute Körperfettmasse signifikant niedriger als in der Kontrollgruppe. Der Taillenumfang wurde in allen Übungsgruppen verringert. Das Körpergewicht und der BMI in den Gruppen HIITx3 und HIITx2 waren deutlich niedriger als bei den Gruppen MICTx3 und HIItx1	Gruppe T und D haben beide an Körpermasse verloren (ca 5,3 Kg) Gruppe T-iD und C zeigten keine Veränderung der Körpermasse auf, bei allen Gruppen wurde eine verbesserte Insulinempfindlichkeit festgestellt
Konklusion	Selbst ein einmal wöchentliches HIIT Training bei geringem Trainingsvolumen verbessert die kardiorespiratorische Fitness, die Körperzusammensetzung und den Blutdruck bei Übergewichtigen. Bei mehrmaligen Einheiten pro Woche sind die zu erwartenden Ergebnisse jedoch deutlich höher. Ein HIIT Training ist eine wirksame Strategie zum Fettabbau für übergewichtige Männer.	Ausdauertraining ist effektiv bei der Verbesserung der metabolischen Gesundheit von Übergewichtigen Männern

5   Literaturverzeichnis

CHIN, Edwin C. ; Yu Angus P.; Lai, Christopher W.; Fong, Daniel.; Chan, Derwin K.; Wong, Stphen H.; ... Siu, Parco M. (2020)

Low Frequency HIIT improves Body Composition and Aerobic Capacity in Overweight Men

https://journals.lww.com/acsm-msse/Fulltext/2020/01000/Low_Frequency_HIIT_Improves_Body_Composition_and.7.aspx

Gimbel, B. (2014, S.195-197). Körpermanagement. Springer-Verlag, Berlin, Heidelberg. https://link.springer.com/content/pdf/10.1007/978-3-662-43643-1_12.pdf

Haber, Tomasitis S. 164

Tomasits J., Haber P. (2016) Trainingsmethoden. In: Leistungsphysiologie. Springer, Berlin, Heidelberg. https://doi.org/10.1007/978-3-662-47260-6_8

Haber, P. (2018). Trainingsmethoden. In P. Haber (Hrsg.), Leitfaden zur medizinischen Trainingsberatung: Rehabilitation bis Leistungssport (S. 166-170). https://doi.org/10.1007/978-3-662-54321-4_10

Hanakam F., Ferrauti A. (2020) Ausdauertraining. In: Ferrauti A. (eds) Trainingswissenschaft für die Sportpraxis (S.363). Springer Spektrum, Berlin, Heidelberg. https://doi.org/10.1007/978-3-662-58227-5_7

Hottenrott, K. & Neumann, G. (2008). Methodik des Ausdauertrainings. Schorndorf: Hofmann. S. 102

Nordby, P., Auerbach, P. L., Rosenkilde, M., Kristiansen, L., Thomasen, J. R., Rygaard, L., ... Stallknecht, B. (2012). Endurance training per se increases metabolic health in young, moderately overweight men. Obesity (Silver Spring, Md.), 20(11), 2202–2212. https://doi.org/10.1038/oby.2012.70

löllgen 2009 Ergometrie (S. 4 ff.) Springer-Verlag Berlin Heidelberg
https://www.springer.com/de/book/9783540927297

6 Abbildungs- und Tabellenverzeichnis

6.1 Abbildungsverzeichnis

6.2 Tabellenverzeichnis